“生まれ順”
で
まるわかり!

末っ子ってこんな性格

したたかな
アイドル

甘え上手で
ノリがいい

要領がよくて
他力本願

相性がいいのは
中間子

五百田達成

over
ディスカヴァー

末っ子ってこんな人

したたかなアイドル

❶甘え上手で他力本願

家の中で“いちばん小さい子ども”としてかわいがられて育ったため、大人になってからも人に頼るのが上手。「誰かがなんとかしてくれる」という気持ちが強く、ときには「無責任」と言われてしまうことも。

❷要領がよくてしたたか

生まれたときから兄姉という「お手本」を見ながら、ラクに生きる術を身につける。大人になってからも器用で世渡り上手。損得勘定にも敏感で、自分の得にならなそうなことはやりたがらない。

❸ノリのいい平和主義者

家庭のアイドル的存在だったので、周囲を笑顔にしたりみんなで楽しく盛り上がったりするのが大好き。重苦しいフンイキやもめ事を嫌い、めんどうなことはできるだけ避けようとする事なかれ主義。

末っ子の有名人

- 綾瀬はるか
- 石原さとみ
- 上戸彩
- 広瀬すず
- 松田聖子
- 松嶋菜々子
- 浅田真央
- ビートたけし
- タモリ
- 桑田圭祐
- 松本人志
- イチロー
- 錦織圭
- 本田圭佑

“生まれ順”とは？

長子

きょうだいの
いちばん上

中間子

きょうだいの
長子と末っ子以外

末っ子

きょうだいの
いちばん下

一人っ子

きょうだいが
いない

同じ家庭で育ったのに、お姉さんはしっかりものでおとなしく、妹はおっちょこちょいでおてんばといったように、きょうだいでまったく性格が違うケースは珍しくありません。

実は「生まれ順＝その家庭において何番目に生まれたか」が、その人の性格や行動に大きな影響を与えます。

長子（きょうだいのいちばん上）と、末っ子（きょうだいのいちばん下）、中間子（3人以上のきょうだいの長子と末っ子以外）、一人っ子（きょうだいがいない）では、子どもの頃に経験する親やきょうだいとの関係が違います。

その結果、大人になってからの性格や行動もまったく変わってきます。つまり、人の性格は“生まれ順”によって支配されていると言ってもいいほどなのです。

「長男」「長女」は、必ずしも「長子」ではない

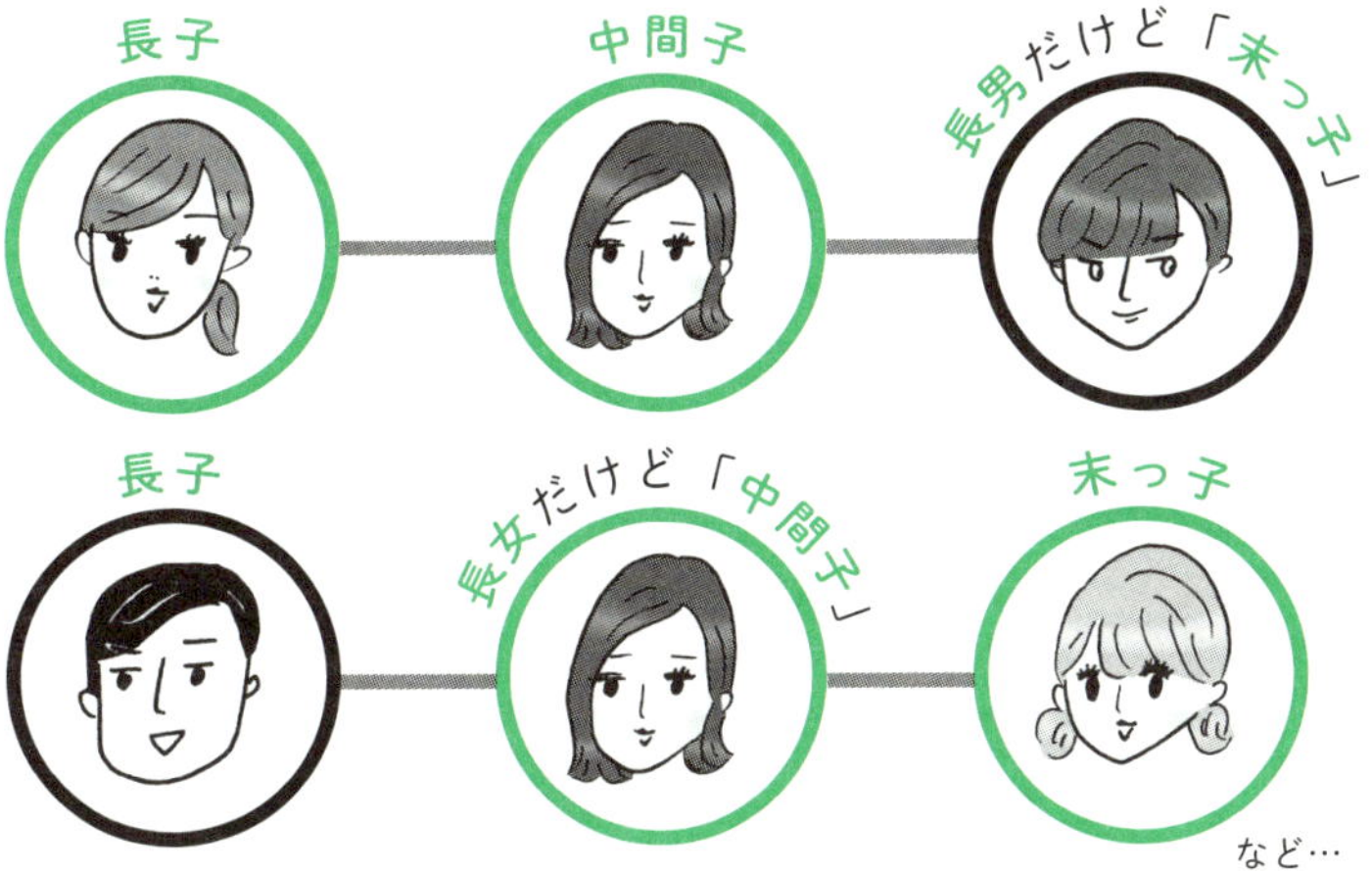

いちばん上、いちばん下以外は、みんな中間子

4つの性格タイプ

永遠の
思春期

中《ちゅう》間《かん》子《し》

要領がいい

末っ子

したたかな
アイドル

マイペース

“生まれ順”による

おせっかい

甘え下手な
王様・女王様

長子《ちょうし》

まじめ

一人っ子

マイペースな
天才肌

もっとよくわかる“生まれ順”Q&A

Q1 双子の場合はどうなるの？

A1 双子は特殊なきょうだい関係です。

双子の場合も、性格の違いはあらわれます。ただし、「生まれ順」による上下関係は希薄で、「二人で一人」の特殊なきょうだい関係です。

本人たちの間で「片方が文系なら、もう片方は理系」「片方がしっかりもののお姉ちゃんキャラでいくなら、もう片方はちょっぴりドジな妹キャラ」というように、無意識のうちに役割分担したというケースが多いようです。

また、「双子だから注目されてきた」という自覚があり、「パートナーがいる心強さがあった」「ライバルがいるのでお互い能力を高め合えた」など、双子であることを前向きにとらえ、自信がある人が多いのも特徴です。

Q2 何歳差だとハッキリ違いが出るの？

A2 3～6歳差がもっともハッキリあらわれます。

「生まれ順」による性格の違いがもっとも強くあらわれるのは3～6歳差です。

たとえば、「長子が10歳のときに弟や妹が生まれる」といったように、年が離れすぎている場合はお互いに影響し合う関係になりません。

また、いわゆる「年子」のように年齢が近すぎる場合も同じです。長子としてみれば「下が生まれた」という意識がありませんし、親もきょうだいとしての振る舞いを要求しない傾向が見られます。

純粋な「生まれ順」もさることながら、親やきょうだいとの微妙な関係がその後の性格に大きな影響を与えるのです。

Q3　性別は関係しないの？

A3　影響力は「生まれ順」＞「性別」。

人の性格や行動はもちろん「性別」からも影響をうけます。例えば、「長男・長女」とはよく言ったもので「末っ子で長男」「末っ子で長女」といった人たちは、本来の「生まれ順」で言えば、「末っ子」になりますが、育った家庭環境によっては長子的な性格をも兼ね備えます。

ただし、「生まれ順」による影響のほうが大きいため、本書では原則として性別は考慮しないものとします。

Q4　大人になったら性格は変わるんじゃないの？

A4　根底の部分は変わりません。

性格は生活環境や経験など、さまざまな要因から影響を受けます。子どもの頃は引っ込みじあんで人見知りだったけれど、大人になるにつれて初対面でも平気で話せるようになったという人もいるでしょう。

たとえば一人っ子でも、小さいころから運動部に所属し、先輩後輩にもまれて育つと、長子や中間子、末っ子的なふるまいが得意になることもあります。

ただし、性格がまったく変わってしまうということはありません。あくまで根底には本来の「生まれ順」の性格があり、そこに社会性や社交性など、あとから獲得したキャラクターが加わるイメージなのです。

CONTENTS

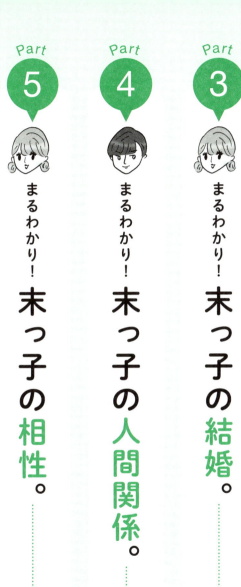

Part 1

まるわかり！末っ子の性格。

Youngest child

1

物心がつくころには、**家庭内のアイドル**担当。

いまだに実家に帰ると、愛されキャラに戻っちゃう。
家族もそれを期待しているから、こたえなきゃね♪

Youngest child

2

みんなが楽しく
ご機嫌なのがなにより大事。

Youngest child

3

頼りないキャラを演じるのは
大得意。

周囲は「ダメねえ」「しょうがないんだから」と
大喜び（笑）。

Youngest child

4

弱い存在を演じて、

守ってもらうのは、
幼いころから身につけた生存戦略。

Youngest child

5

基本的に、
自分に甘い。
他人にも甘い。

Youngest child

6

やる気？　根性？
……わたしには
向いてないかな。

Youngest child

7

「ゆとり世代っぽい」
ってよく言われる。

Youngest child

8

みなさんに
助けてもらって
生きてます。
マジありがとう！

Youngest child

9

言われたことはやるけれど、言われてないことは絶対やらない。

Youngest child
10

「ちびまる子ちゃん」の
まる子の気持ちがわかる。

Youngest child
11

「宿題やったの」と母親に
問い詰められても、
のらりくらりと生返事。
夢は
「何もしないで生きていける人になること」。

Youngest child

12

ゼロから道を切り開こうなんて気持ちはさらさらない。

そんなめんどうなことはぜひ、他の人にがんばっていただきたい。

Youngest child

13

前例を調べるのが大好き。

先人の失敗に学んで、ムダを省きたい。

Youngest child

14

ゴールには最短ルートでたどりつきたい。

求められているかどうかもわからないことに時間と労力を費やすなんてバカバカしいでしょ。

Youngest child

15

「若いころの苦労は買ってでもしろ」って

意味がわからない。

Youngest child

16

人には向き不向きがあるでしょ？

人生、あきらめが肝心だと思う。

Youngest child

17

とにかく楽しく、
なるべくラクに生きていきたい。

それ以上は望みません♪

Youngest child

18

工夫するのが
得意。
ゼロから発想
するのは
苦手。

Youngest child

19

「すでにあるものを
どうにかする」
という考えが
しみついている。

Youngest child

20

「要領はいいけど粘りがきかない」とイヤミを言われたことがある。

Youngest child

21

自分でも「器用貧乏」なところがあると思う……。

Youngest child

22

自分が決めることに慣れていません！

Youngest child

23

要領よく情報を集めるのは得意！
でも、その情報をもとに
決断するのは苦手。
なんか、
責任とれって
言われそうで
イヤじゃない？

Youngest child

24

AかBかなんて
決められないし、
そういうめんどくさいことは
人に任せたい。

Youngest child

25

AかBか決めてもらったら、文句は言わないし、黙って従う。

っていうか、そもそもどっちでもよくない……？

Youngest child

26

最終的には、

誰かがなんとかしてくれる

と本気で信じている。

Youngest child

27

おいしい話、得するチャンスが大好き。
だって、

もらえるものは
もらっておきたい。

Youngest child

28

「無責任」

と言われることがある。
すみませーん（てへっ）。

Youngest child

29

「おいしいところ持ってくよね」

って言われる。
はい、正直そこに命かけてます。

column
1
“生まれ順”豆知識

スポーツ選手が多い“生まれ順”は？

スポーツ選手に多い生まれ順は……ズバリ、末っ子です。

野球選手で言うと王貞治に長嶋茂雄、野村克也、イチロー、松井秀喜はみ～んな末っ子。サッカーも、本田圭佑や川島永嗣、香川真司をはじめとする日本代表も、なでしこジャパンも末っ子だらけ。他にはテニスの錦織圭、ラグビーの五郎丸歩、フィギュアスケートの浅田真央など、有名なスポーツ選手で末っ子じゃない人を探すほうが難しいほど。

実は彼らの多くは兄や姉の影響でスポーツを始めたと語ります。早くから高いレベルで練習してきた彼らは、親のプレッシャーによりいつしかスポーツを卒業していく兄や姉と異なり、何歳になっても、のびのび楽しくスポーツをやり続けます。その結果、多くの末っ子アスリートが歴史に名を残すことになったのです。

浅田真央

錦織圭

イチロー

本田圭佑

Part 2

まるわかり！末っ子の恋愛。

Youngest child

30

合コンではモテてきた。

ノリと愛嬌のよさだけで、けっこういける。

Youngest child

31

気の合いそうな人から

「今度食事にでも行きましょう」と

誘われたら、迷わずOK。

Youngest child

32

つき合うとかじゃなくて、

その場が楽しければいい。

Youngest child

33

「一緒にいて楽しい人」がタイプ。

他の条件は割とどうでもいい。

Youngest child

34

おごってもらうの、大好き。
「男がおごるべき」とかじゃなくて、単純にタダでなにかもらえるのが好きなの。

Youngest child

35

大げさに超喜ぶから、おごり甲斐があると思うけどなぁ。

Youngest child

37

「飲みに行こうぜ」「行く行くー！」と盛り上がってるうちに、**気づいたらつき合ってた**みたいなパターンが多い。

Youngest child

36

この世でいちばんおいしいお酒は〝タダ酒〟。

Youngest child

38

ここだけの話、

つき合っていなくても、お泊まりしちゃうことがある。

盛り上がっちゃったら、つい……ね？

Youngest child

39

若いうちは

ノリで
つき合っても
いいと思う。

Youngest child

40

つき合ってみないとわからないし、

違ったら
別れれば
いいじゃない？

Youngest child

41

正直、恋愛に
モラルも憧れもない。

好きだったらしょうがない。楽しかったらそれでいい。

Youngest child

42

高望みはしない。

だいたい、自分と同じくらいの人を選んで、身の丈に合う恋愛をしてきた。

Youngest child

43

ダメ男には興味津々。でも、母性本能がくすぐられたりはしない。

Youngest child

44

一緒にいて気楽なのがいちばん！

「お互いを高め合いたい」とか思わない。

Youngest child

45

恋人になったからって、あれこれ求めないでほしい。

そのままの自分をかわいがってくれて、自由にさせてくれる人がサイコーにタイプ。

Youngest child

46

やさしい人が好き。

声を荒らげたりしない人がいい。
「オレの言う通りにしろ」とか
亭主関白タイプはこわいからイヤ。

Youngest child

47

つき合ってからは意外に
クール。
「釣った魚に
餌はやらない
タイプだよね」と
言われたことがある。

Youngest child

48

恋人の機嫌を
とるのとか
めんどくさいし、
自分の時間も
大切にしたい。
気が向いたら気軽に会える
のがつき合ってるって
ことじゃないの？

Youngest child

49

すぐに結婚を
迫ったりはしない。
もっといい人が
いるかもしれないし
……。

Youngest child

50

「結婚したい」と思っても、
なかなか自分からは
迫れない。
だって、それって
重いでしょ？

Youngest child

51

結婚式も、ラクなスタイルがいちばん。

親しい人だけ呼んで、海外ウェディングが理想。

大勢呼ぶと、席を考えるだけでも大変そう。

Youngest child

52

準備がすごく大変って聞くから、
写真撮るだけでも
いいかも。

Youngest child

53

式の日取りも
会場もなかなか
決まらない。

Youngest child

54

失恋した直後は泣くけど、引きずることはあまりない。

復縁できる見込みがないなら、グズグズ泣いたところで時間のムダ。

早く次にいったほうがいい。

Youngest child

55

ケンカも別れも、とにかくシリアスなのが苦手。

「合わなかった」でサクッと終わりにしたい。友達に戻れるのが理想かな♪

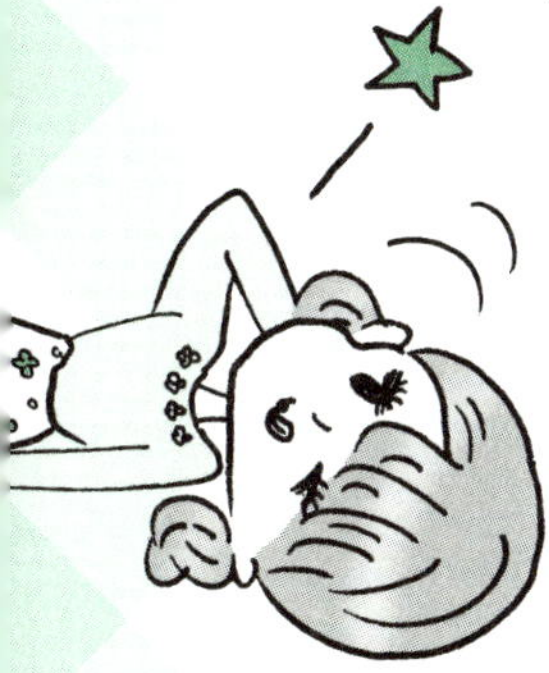

Youngest child

56

積極的に浮気する気はないけど、そうなっちゃうこともある。

熱心に口説かれたりとか、 酔っぱらってたとか、 不可抗力ってやつね……!

Youngest child

57

浮気するならバレないようにしてほしい。

こわいことは知りたくない。

Youngest child

58

一夜限りの浮気だったら、できれば見て見ぬフリをしたい……。

Youngest child

59

ぶっちゃけ、
恋人が途切れたことがない。

うまくいかなくなりそうになると、不思議と次の相手が現れる。

Youngest child

60

重い恋愛相談をされるのが苦手。

「別れたらいいじゃん」で
終わっちゃって、
お互いしらけちゃう……。

アーティスト
が多い“生まれ順”は？

アートや芸能の世界で活躍が目立つ生まれ順は……なんといっても一人っ子です。

男性では坂本龍一、小室哲哉、氷川きよし、太田光など。女性アーティストでは浜崎あゆみ、宇多田ヒカル、宮沢りえ、大塚愛、中川翔子などなど。いずれも個性あふれる顔ぶれが勢ぞろい。

一人っ子は他の生まれ順に比べて、親という大人と過ごす時間が長いため、文化的に早熟な傾向が見られます。しかも、一風変わった違う進路を歩もうとする一人っ子に対しても、親は寛容。「好きなことをやりなさい」と精神面や金銭面、さまざまな面からサポートを惜しみません。自分の感性のおもむくままに、やりたいことを貫ける環境があったからこそ、多くの一人っ子アーティストが生まれたのでしょう。

宮沢りえ

宇多田ヒカル

太田光

浜崎あゆみ

Part 3

まるわかり！末っ子の結婚。

Youngest child

61

好きな相手と楽しく過ごしたい。だから結婚する。

それだけじゃダメ？　家とか世間体とか大事なのもわかるけど、二人が楽しいかどうかがいちばんじゃない？

Youngest child

62

笑顔の絶えない
平和で楽しい家庭をつくりたい。

本気でそう思ってまーす。

Youngest child

63

夫婦どっちが上とかじゃなくて、

同じ目線で一緒に家庭をつくっていきたい。
まあ、どっちかというと引っぱって
いってほしいかな……。

Youngest child

64

家事や育児はできるだけ
分担したい。

一人で完ぺきにやるなんて、ムリムリ！
そんなに責任持ちたくないし。

Youngest child

65

そもそも、家事が適当。

だって、手抜きしたって、それほど変わらないでしょ。妥協しようよ。

Youngest child

66

夫婦ゲンカになりそうでも、自分からぶつかるのを避ける。

ついうやむやにしちゃうんだよね。

Youngest child

67

ガミガミ文句を言っても
お互い不愉快に
なるだけだし、適当に
やり過ごせるなら
やり過ごしたい。

Youngest child

68

不満があるなら、
ニコニコして言えるときに
伝えればいいよね？
先送りしてるうちに
忘れちゃったりも
するけど、それは
それで結果オーライ。

Youngest child

69

「白黒ハッキリさせたい」って人は、ハッキリさせてどうするつもりなのかな。

夫婦で勝ち負け決めてもしょうがないのに。

Youngest child

70

自分が負けるのもイヤだから、できるだけスルー！

Youngest child

71

スルーして、スルーして……

ある日突然爆発したりもする。

だって、

ガマンするのは苦手なんだもん。

Youngest child

72

「能天気」だとよく言われる。

半分は天然だけど、半分はわざと。

気づかないフリをしたほうがうまくいくときもある。

Youngest child

73

とにかく平和がいちばんなの。

事なかれ主義？　そうとも言える（笑）。

Youngest child

74

機嫌が悪くなったら、

おいしいものを食べさせて♡

チョコレートとかアイスクリームとか。
だって、お腹が空いてるか眠いか、
何も考えてないか、だから。

Youngest child

75

子どもは、いてもいいけど、いなくてもいい。

Youngest child

76

教育方針は、のびのび放任。

自分もそうやって育てられたからね。

Youngest child

77

教育ママにはなれなそう。

夫が決めてくれたら、それに従う。

Youngest child

78

子ども本人が
習い事をしたいなら、
通わせる。でも、親が
ムキになってあれこれやら
せてもねえ……。
人に強制されるのって
楽しくないでしょ？

Youngest child

79

子どもが勉強が
苦手だったとしても、
まあ、しょうがない
んじゃない？
他のところで
がんばればいいと思う。

Youngest child

80

感情的に子どもを怒ることはあまりない。

だって、**子どもに嫌われたくないし。**

というか、**誰にも嫌われたくない！**

Youngest child

81

気づけば、子どもがしっかりしてきた。

親がしっかりしてないから？

Youngest child

82

子育ては楽しいけど、

子どもには早く自立してほしい。

子どもが巣立ったら、　また夫婦二人の生活を楽しみたい。

Youngest child
83

息抜きが得意。

疲れたな〜と思ったら、
子どもを保育園に預けて、
会社は午前休。
いつもがんばってるんだから、
これぐらいバチは当たらないでしょ？

Youngest child
84

実家は居心地のいいパラダイス。

大人になってからも、
それは変わらない。

Youngest child

85

結婚するまでは、できる限り、実家にいたい。

家賃かからないし、食事も親がつくってくれて経済的♪

Youngest child

86

「いい年をして親のすねをかじるなんて……」と言われても知らんぷり。

ヒトはヒト、うちはうちだからね～。

Youngest child

87

親にお説教されても、

聞き流しておけばいいしね。

column
3
"生まれ順"豆知識

作家
が多い"生まれ順"は?

作家・小説家は一見すると、華やかな職業のように思われがちですが、その仕事内容はいたって地味。コツコツと原稿を書き、丹念に作品を仕上げていくわけです。

芥川賞作家・直木賞作家でもっとも多い生まれ順は……**長子**でした。羽田圭介に池波正太郎、林真理子、辻仁成、向田邦子、石原慎太郎はみ〜んな**長子**。

中間子や**末っ子**、**一人っ子**に比べて、きまじめで責任感が強いのが**長子**の特徴です。

仮にクリエイティブなアイデアを思いついたとしても、地道な作業が苦手な人には、作家はつとまりません。「一度始めたら最後までやりぬくべき」「この作品をどうしても世に出さなければ」という強い意志に突き動かされる**長子**だからこそ、締め切りに向かって執筆し続けられるのかもしれません。

林真理子

石原慎太郎

辻仁成

羽田圭介

Part 4

まるわかり！末っ子の人間関係。

Youngest child

88

「頼られたい」なんてトンデモない！

なるべく

〃頼りにならない存在〃でいさせてほしい。

Youngest child

89

友達同士で旅行の話になると、

「計画立てるの苦手なんだよね〜」

「運転できないからな〜」と

予防線を張りまくり。

Youngest child

90

「パンフレット集めてきて」と言われたら、

すぐやる。**簡単な頼まれごとを**

パシリのようにこなすのは

慣れてるからね。

Youngest child

91

「絶対に温泉がいい」

「高級旅館じゃないなら泊まりたくない」なんて

主張もしない。うまくいかなくても文句も言わない。

よきにはからってほしい。

Youngest child

92

友達にマメに連絡するのが苦手。

音信不通になってても、
ふと連絡して気まずくない
のが本当の友達だと思う。

Youngest child

93

興味のない会話のときは、
ついボーッとしちゃう。
「聞いてないじゃん」
「またこの子は……」って、

甘やかしてくれる友達が理想。

Youngest child

94

だいたい、どこでも
ムードメーカーになれる。

「置かれた場所で咲く」のが信条。

Youngest child

95

一人が苦手。

人と一緒にやるゲームとか
スポーツが好き。
ストイックな作業や
筋トレが苦手。

Youngest child

96

テスト勉強も、部活も、プロジェクトも、飲み会も、〝みんな〟でやりたい!

シェアハウスも、向いてると思う。

Youngest child

97

飲み会では、自分から積極的に酔っ払う。

酒好きっていうより、場を盛り上げるため。

ホントに、ホントだってば！

Youngest child

98

「無礼講《ぶれいこう》でいこう！」と言われたら、誰よりも大はしゃぎ。

ま、失言も多いけど。

無礼講だもん、許してよね？

Youngest child

99

そこそこ働いて、そこそこ遊ぶのが理想。

仕事なんて生活の一部だし、人生のすべてを賭けるなんてありえない。

Youngest child

100

お金が好き、
給料のいい職場が好き。

「やりがい」って、そんなに大事かな？

Youngest child

101

できないことは、人に任せよう。

自分一人で抱え込む人って大変そう。

Youngest child

102

任されたところだけ要領よくこなす。

それがチームワークってもんでしょ？

Youngest child

103

チームメイトの仕事ぶりを「効率悪いな〜」と
冷ややかに眺めちゃうことがある。でも、

おせっかいに口出ししたりはしない。

Youngest child

104

会議では**書記くらいがちょうどいい。**

だって、発言とか求められてもめんどうだし。
書記なら黙っていられるし、働いているように
見えるでしょ？

Youngest child

105

仕事でもなんでも、
義理人情で
頼まれごとを引き
受けることはない。
引き受けるとしたら……
損得？

Youngest child

106

タダ飯、タダ酒、
最高！

Youngest child

107

めんどうな人間関係が苦手。

「あ、なんか変な人かも」
「ややこしいことに
なりそう」と思ったら、
すぐ避けちゃう。

Youngest child

108

飲み会などの集合時間に遅れがち。

ごめんごめん、
でも先に始めててくれれば
いいからさ！

Youngest child

109

平和に楽しく適当にやりたいんだってば！

Youngest child

110

「すごい！」「頭いい！」「うまい！」って

ほめられると、うれしくなる。

ま、たいていのほめ言葉が
刺さるんだけどね。

Youngest child

111

ほめられたからって、その分がんばったりはしない。

喜ぶだけ。

Youngest child

112

叱られるの嫌い。つい、

「わたしのせいじゃない」

って思っちゃう。

「大目に見てくれてもいいのに」って。

Youngest child

113

「次からは気をつけて」「その失敗を無駄にするなよ」と言われると、グッとくる。

要領のよさ

には自信があるんで！

Youngest child

114

起きてしまったことは
しかたがないと思ってる。

Youngest child

115

ムッとしても、具体的な埋め合わせを提案されたら、
すぐ許しちゃう。
「明日の残業、代わるね」とか、
「今度ビールおごるね」とか。

Youngest child

116

深刻に反省されるのはむしろ苦手。
そのシリアスな空気がもう、なんの罰ゲーム？
って感じ。

Youngest child

117

場の雰囲気が暗くなるぐらいなら、いっそ謝らないで！
欲しいのは反省の姿勢じゃなくて、
見返り。慰謝料ですから〜！

Youngest child

118

恋人や家族などの身内にはSになる。

言いたいこと言うし、話を聞かないことも。

最近食欲なくて…
お姉ちゃんちゃんと食べなよっ
少し太っちゃった…
お父さん食べすぎだよ!!

Youngest child

119

落ち込んでるときは

「大丈夫だよ」「きっとなんとかなるよ」と無責任に励ましてほしい。

Youngest child

120

目の前にエサを
ぶら下げられると
弱い。「飲み放題だよ」
「料理おいしいらしいよ」
「イケメンが来るよ」なんて
聞いたら、気乗りが
しなかった飲み会にも
ダッシュで参加。

Youngest child

121

変に持ち上げられるより、
半人前扱い
されるほうがラク。
いろいろ期待されても
困るし。

Youngest child

122

ごほうびがあると、やる気も倍増。

「この仕事が終わったら飲みにいこう」「ここまでやったらおやつにしよう」

と鼻先にニンジンをどんどんぶら下げてほしい！

Youngest child

123

損をするのが嫌い。

得するのが好きなのと同じくらい、
頼まれ事を引き受けるときは、
そのことで自分が得をするかどうかについて、
つい考えちゃう。

Youngest child

124

「親しき仲にも礼儀あり」っていうけど、

堅苦しいことを言う人は苦手。

持ちつ持たれつ、適当にやっていきたい。

Youngest child

125

人づき合いも、ノリよく、フランクに！

あらゆることを「なぁなぁ」にしていきたい!!

column
4
“生まれ順”豆知識

総理大臣
が多い“生まれ順”は？

日本の歴代総理大臣でもっとも多い生まれ順は……**中間子**でした！

安倍晋三をはじめとして、田中角栄、中曽根康弘、小泉純一郎、村山富市、鳩山由紀夫など、じつに歴代首相の約半数が**中間子**。

中間子は兄姉と、弟妹にはさまれ、常に上と下の言動に目配りしているので、空気を読むのがバツグンに上手。

ただ、親の愛情を**長子**または**末っ子**に奪われる経験が多かったせいか、愛情に飢えているところがあり、その分、人間関係をシビアに見つめています。

バランス能力にすぐれていて、誰とでもうまくやれる半面、「敵か味方か」をすばやくジャッジ。自分の居場所を確保するなら、あらゆる手段をとることもためらいません。権謀術数うずまく政界でトップに昇りつめる天性の才能が、**中間子**には備わっているのかもしれません。ちなみに、アメリカのトランプ大統領も**中間子**です。

鳩山由紀夫

安倍晋三

ドナルド・トランプ

小泉純一郎

Part 5

まるわかり！末っ子の相性。

相関図

同性編

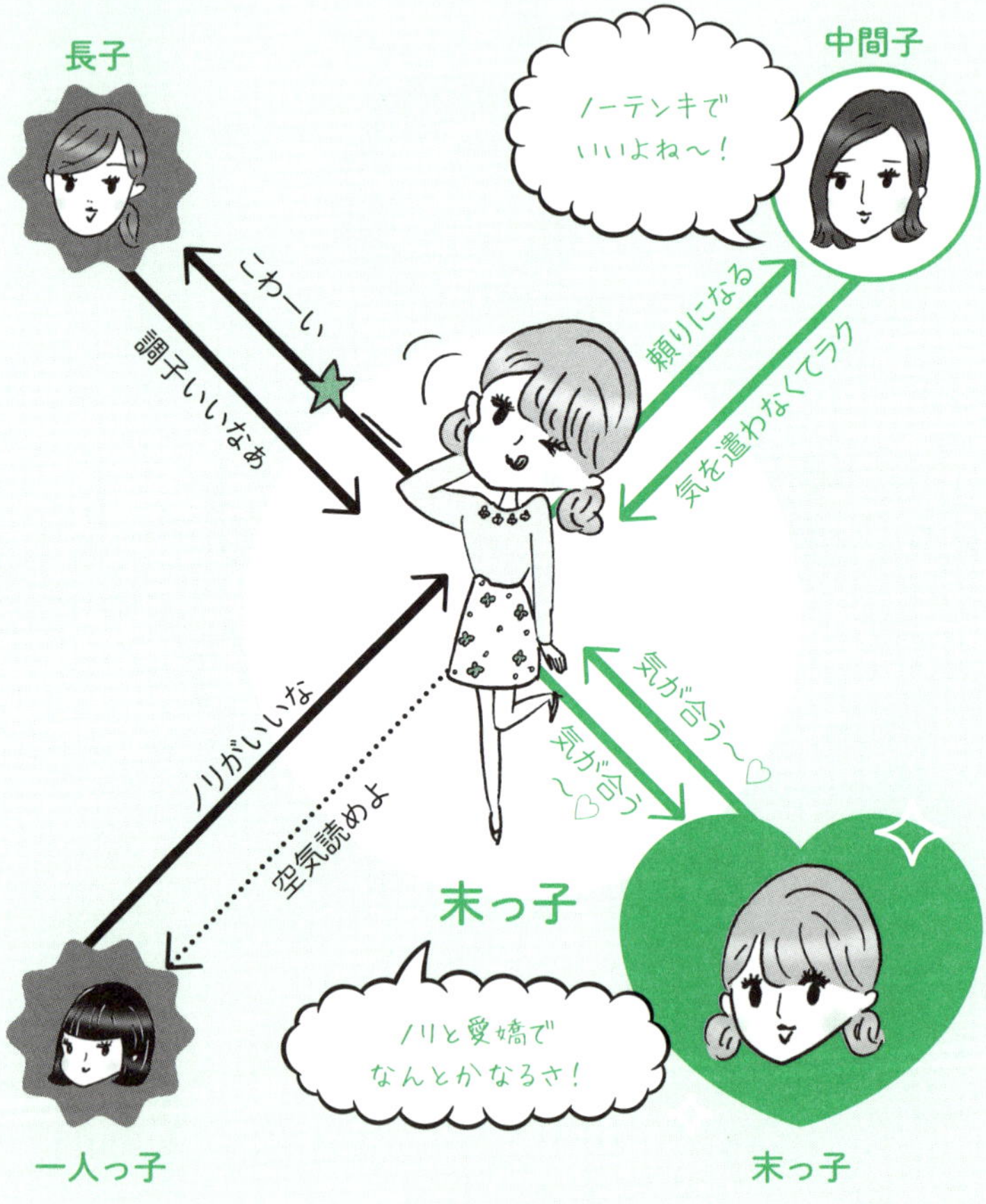

長子
中間子
ノーテンキで
いいよね〜!
こわーい
調子いいなあ
頼りになる
気を遣わなくてラク
ノリがいいな
空気読めよ
気が合う〜♡
気が合う〜♡
末っ子
ノリと愛嬌で
なんとかなるさ!
一人っ子
末っ子

末っ子の相性

異性編

長子
一緒にいて気楽な人がいちばん！
中間子
よきにはからって
得意♡
かわいい♡
ちょっとめんどくさい
かまって♡
察してよ
甘えないでよ〜
飲みにいこうぜ♪
いくいく〜♪
末っ子
一人っ子
ボクに興味あるでしょ？
末っ子

結婚がうまくいく相手

1位 テキトーな
末っ子

2位 実家と縁遠い
中間子

3位 小うるさい
長子

4位 実家とべったりな
一人っ子

病めるときも貧しいときも楽しければオッケー！

末っ子にとっての理想の結婚はズバリ、「楽しくて、ラクな関係」。実家がどうとか、“正しい家庭”がどうとか、そんなめんどくさいこと考えるなんてまっぴらゴメン。

そんなテキトーさを一緒に楽しんでくれるのは、やはり末っ子。お互い「笑顔の絶えない明るい家庭をつくりたい」と本気で思っているし、それ以上は深く考えていないからこそ、気が合うのです。

一方、「いざとなったら、親の面倒を見るのは自分」という責任感にあふれた長子や、「なんだかんだ言って、○○家の跡取りは自分しかいないわけで……」なんて思っている一人っ子とは話がかみ合わず、ストレスがたまりそう。

八方美人すぎるきらいがあるとはいえ、実家との縁が薄い中間子とのほうが、まだうまくやっていけそうです。

恋愛が盛り上がる相手

1位
しっかり者で頼りになる
長子

2位
とにかく楽しい
末っ子

3位
恋愛体質の
中間子

4位
“察して” キングの
一人っ子

長子の恋愛は冷めたあとに要注意！

末っ子にとって、しっかり者の長子にグイグイ引っ張ってもらうのはラクちん、かつ慣れ親しんだ恋愛パターン。恋愛感情が冷めた途端に、うっとうしくなるのが玉にキズですが、少なくとも恋愛初期においては、いとも簡単に盛り上がることでしょう。

また、末っ子同士も、お互い「楽しい恋愛」をモットーとするだけに、無責任にウキウキワクワクした時間を過ごせるのが◎。

中間子は「オレと友達、どっちが大事なの？」などと、うっとうしいことさえ言い出さなければ、セーフ。

問題は一人っ子。子どもの頃から親にケアされることに慣れている一人っ子は“察して”キング。空気を読むのが得意な末っ子には、その考えが手にとるようにわかりますが、思い通りに動くのもなんだかシャク。「何、甘ったれてるのよ！」と腹立たしさが先に立ってしまうでしょう。

友達になれる相手

1位

気が合う
末っ子

2位

面倒見のいい
中間子

3位

空気を読まない
一人っ子

4位

指図してくる
長子

キッチリしている長子は
ぜひとも避けたい……

恋愛や結婚以上に、ラクであることを求めるのが**末っ子**の友達関係。

義理人情を大切にし、「何かしてもらったら、必ずお礼をすること」なんてキッチリしている**長子**とは、本当に仲よくなるのは難しいと考えたほうがいいでしょう。

お互いテキトー、その場限りだったとしても楽しければオッケー♪な**末っ子**同士はひたすら楽しい友達関係を築けます。

また、**中間子**ともまずまずの相性。**長子**ほど、あれこれ指図するわけではなく、適度に面倒を見てくれるあたりが、**末っ子**にとっては居心地がいいのです。

似て非なる**一人っ子**との関係はビミョー。しっかり周囲を観察し、場の空気を読んだ上で自由っぽく振る舞っている**末っ子**にとって、ナチュラルにマイペースな**一人っ子**は理解不能。イライラしてしまう可能性が高いのです。

チーム
ワーク がうまくいく相手

1位

決断力のある

長子

2位

調整力のある

中間子

3位

決断力のない

末っ子

4位

足並みを合わせない

一人っ子

ガンガン決めてくれる長子が便利で楽チン

大勢で何かを一緒にやるなら、ぜひメンバーに加わってほしいのが**長子**。頼まなくても、どんどん仕切ってくれるので、言われたことだけやっていればOK。**末っ子**にとってこれほどラクな相手はいないのです。

中間子も、調整しながら物事を進めるので頼れる存在。**長子**がいないときは、代わりにリーダー役も引き受けてくれます。

末っ子同士はというと、ノリも合うし楽しいけれど、話が進まなくなるのが難点。旅行の計画ひとつとっても「温泉に行きたいね！」「バーベキューなんてどう？」とワイワイ盛り上げるのは得意だけれど、お互い決断力に欠けるのです。

一人っ子のアイデアや物事の進め方は、**末っ子**からするとマイペースそのもの。日頃温和な**末っ子**も「空気を読んでよ！」とイライラすることに。

離婚しやすい相手

1位
口うるさい
長子

2位
別れに抵抗がない
一人っ子

3位
話し合いにならない
末っ子

4位
あきらめてくれない
中間子

長子との結婚は スピード離婚の危険あり！

盛り上がるけれど、長続きしない。それが長子×末っ子カップルの悲しい宿命です。結婚までこぎつけても、常にスピード離婚の危険をはらんでいます。もめ事の発端はたいてい、「結婚したからにはきちんとしてほしい」（長子）と、「結婚したからといってうるさく言われたくない」（末っ子）という文化の違い。あきらめが早いのも末っ子ならではなので、世間体を気にする長子がサジを投げた途端、離婚に向けてまっしぐら。

一人になるのが苦にならない一人っ子が相手でも、離婚を決断するのは早そう。もめ事を嫌う末っ子同士は話し合いを避けてウダウダ続きます。

逆に、中間子には思い切って離婚を切り出しても「話し合おう！」と阻まれ、離婚しそびれてしまうというのもよくあるパターンです。

かなわぬ恋に落ちる相手

1位
アーティスト気質の
一人っ子

2位
ミステリアスな魅力の
中間子

3位
決断力のある
長子

4位
現実主義の
末っ子

人は自分にないものに惹かれてしまうものです

「かなわぬ恋」なんてコスパの悪いことは基本的にしない主義の**末っ子**でも、ときには例外もあります。たとえば、天才肌の**一人っ子**。徹底した効率主義を追求してきた**末っ子**だからこそ、自分にないものについ惹かれてしまうというわけ。

また、普段なら「めんどくさい……」と避けてしまう**中間子**のロマンチックぶりが、妙に好ましく思えることもありそう。もともと好奇心が旺盛なだけに、いったん気になると、周囲が止めても気にすることなく、どんどん踏み込んでしまうかも。

その点、**長子**が相手の恋愛は勝手知ったるパワーバランスで、さほど珍しくもないのでそこまでハマることはないでしょう。

相手がクールな**末っ子**となればなおさら、障害を乗り越えるような情熱的な恋にはならないでしょう。

ケンカになりやすい相手

1位 エラそうな
長子

2位 かまってちゃんの
中間子

3位 ドライな
一人っ子

4位 事なかれ主義の
末っ子

逃げ続けることで かえって関係がこじれることも

末っ子といえば、スルーの達人で“事なかれ主義”の代表選手。よほどイヤなことをされない限り、自分からケンカを売ることはしません。そんな末っ子を怒らせる筆頭といえば、長子と中間子です。

ゴリゴリと自分の意見を押しつける長子や、ネチネチ探りを入れる中間子に、温和な末っ子もガマンの限界が訪れます。「うるさ〜い！」と柄にもなく怒ってしまうことも、たまにはあります。

一方、一人っ子が相手のときはむしろ、黙ってふてくされた態度をとる一人っ子に対して末っ子が腹を立てるパターン。とはいえ、ドライな一人っ子とクールな末っ子、もともとの相性が悪いわけではありません。

いずれにしても、ギリギリまでガマンしてからキレると、かえって関係がこじれやすくなるので要注意。もめるのがめんどくさいからと先送りせず、文句は小出しに伝えるやり方も、覚えておいてソンはありません。

飲み会で楽しい相手

1位 盛り上げ役の
末っ子

2位 説教酒の
長子

3位 マイペースな
一人っ子

4位 からみ酒の
中間子

長子の説教は“いじり”で封印

さあ、無礼講だ。今日は飲もう！という飲み会を楽しむのに、もっともふさわしいのは末っ子同士。だって、お互い楽しく酔っぱらうことしか考えてませんから（よくも悪くも）。

扱いやすいのは意外に長子。ウザイ説教に対しても、酒の席なら“いじって逆襲”という奥の手が使えます。第一、長子がいれば、店の予約から泥酔した人の世話まで全部お任せできるので便利。自分のこと優先の末っ子や一人っ子だと、そうはいきません。

長子同様、世話は焼いてくれるけど、からみ酒が多い中間子はいじっても黙ってくれないし、なんとも面倒な相手。パーッと明るく飲みたい末っ子にとっては、鬼門とも言うべき存在です。

ママ友になれる相手

1位
気をつかわなくていい
末っ子

2位
頼りになる
長子

3位
腹に一物かかえた
中間子

4位
頼りにならない
一人っ子

大げさすぎるぐらいの「ありがとう！」が円満のコツ

子どもを交えたコミュニティにおいて「一緒にいて気楽」な関係を求めるなら、**末っ子**がいちばん。

でも、子育て情報や買い物のコツなど、情報収集の場としてとらえるなら、**長子**もなかなかの好相性です。世話を焼くのが大好きな**長子**たちにとって、**末っ子**の頼りなさは大好物。ここぞとばかりに、面倒を見てくれるでしょう。頼んでもいないのに、やたらとアドバイスしてくれるのは難点ですが、持ち前のスルー力を発揮すれば、うまくやり過ごせるはず。

表面上はニコニコしつつも、心の中では常に敵・味方を意識している**中間子**や、どれだけ頼りなさを演出してもまったく助けてくれない**一人っ子**に比べれば、楽勝だと言えるでしょう。

ただし、何かやってもらったら必ずお礼を言うのがコツ。そこをうやむやにすると、**長子**のみなさんの怒りを買うことになります。

嫁姑がこじれやすい相手

1位
行動が読めない
一人っ子

2位
グイグイ干渉してくる
長子

3位
そっとしておいてくれる
中間子

4位
めんどうを嫌う
末っ子

“できないフリ”で乗り切ろう

「ぶっちゃけ、家のことなんてどうでもいい」「お姉ちゃん（お兄ちゃん）がなんとかしてくれる」が本音の“家”意識が低い**末っ子**。“家”に対する意識が高い**一人っ子**や**長子**の姑は、天敵以外の何者でもありません。行動が読めず、何が地雷か予測がつかない**一人っ子**も、「うちの嫁になったからには」と堂々とアピールしてくる**長子**も警戒が必要です。

下手に「デキる」と思われ、期待されると厄介なことに。徹底してダメ嫁を演じることで、あきらめてもらうのが得策かもしれません。

一方、放っておいてほしいというこちらの意図をくんでくれる**中間子**とは、意外と平和な関係を築けそう。

さらにお互いめんどうなことが嫌いな**末っ子**同士なら、奇跡的に仲よくなれる可能性も残されています（たまにしか会わないでしょうが）。

column
5
“生まれ順”豆知識

女優
が多い“生まれ順”は？

“かわいい妹キャラ”のイメージのある末っ子。実際、アイドル・女優として活躍している人たちの多くもやはり、末っ子でした。たとえば、綾瀬はるか、石原さとみ、上戸彩、広瀬すず、吉田羊、松嶋菜々子などなど。

それもそのはず、末っ子は子どもの頃から家庭のアイドルとして振る舞っていたので、自分をかわいく見せる方法をよく知っているのです。

芸能界に興味を持ったのは兄や姉が先で、“ついていっただけ”のはずのオーディションで、妹のほうが合格してしまうというエピソードはたびたび耳にします。

また、兄や姉には「将来のことをもっと考えて」「堅い職業につきなさい」とうるさい親も、末っ子には甘いのが常。「やってみたい」と言い張れば、好きなことをやらせてもらえる環境も、アイドル・女優人生を後押ししたに違いありません。

上戸彩

綾瀬はるか

広瀬すず

石原さとみ

あとがきにかえて

～生まれ順ブーム、生まれ順を学ぶ意味～

この本を手にとっていただき、ありがとうございます！　私が、生まれ順タイプについて初めて書いた『不機嫌な長男・長女 無責任な末っ子たち「きょうだい型」性格分析&コミュニケーション』（ディスカヴァー・トゥエンティワン）は、今からちょうど1年前、２０１６年11月に刊行されました。

私自身、３人きょうだいの末っ子。これまでの人生で感じてきたことをもとに、多くの方にインタビューを重ねました。リサーチするなかで、たくさんの発見がありました。たとえば、末っ子のみなさんの「最終的には誰かがなんとかしてくれる」という強い信念には、苦笑するしかありませんでした。

この発見のおもしろさをみなさんにお伝えしたく、満を持して発表したところ、発売直後から全国書店でベストセラーを記録。またたく間に15万部を超える大ヒットとなりました！

読んでくださった方々からは、「びっくりするぐらい当たってた」「我が家のことがそのまま書いてあった」「あるあるの連続で一気に読めた」など、多くのコメントをいただきました。

メディアからの注目も非常に高く、「助けて！　きわめびと」（NHK）、「この差って何ですか？」（TBS）などでたびたび取り上げていただき、大きな話題に。さらには、Instagram などのSNSでも毎日のように紹介され、「生まれ順エピソード」「きょうだいあるある」が続々と投稿されています。

こうした一連のムーブメントを受け、「生まれ順についてもっと知りたい！」という声を多数いただきました。そこで、長子・末っ子・中間子・一人っ子それぞれの生まれ順タイプをより深く掘り下げ、とくに相性面にフォーカスを当てて書き下ろしたのが、今作となります。

ご自分の生まれ順について学ばれたら、次はぜひ、パートナーや家族、友達、職場の仲間たちの生まれ順についても学んでみてください。

頭ではわかっていても、なかなか納得することのできない「人づき合いの真髄」に気づくことのできる奥深いテーマ、それが「生まれ順」なのです。

この本を通じて、あなたの日々の人間関係が少しでもスムーズになることを心から祈っています！

2017年11月　五百田 達成

20万部突破！

五百田達成 〝生まれ順〟シリーズ

“生まれ順”が
気になったら、まずはこの1冊！

不機嫌な長男・長女 無責任な末っ子たち

「きょうだい型」性格分析&コミュニケーション

四六判／ソフトカバー／1300円（税別）

テレビ、雑誌、新聞で紹介され、話題騒然！「きょうだい型」で、本当の自分が見えてくる！　仕事、恋愛、結婚、友人……あらゆる人間関係に役立つ！ 相性チェック＆ひとことフレーズ付き！

“生まれ順”でまるわかり！

末っ子ってこんな性格。

発行日　2017年11月15日　第1刷

Author　五百田達成

Illustrator　村瀬綾香
Book Designer　TYPEFACE（AD：渡邊民人　D：谷関笑子）

Publication　株式会社ディスカヴァー・トゥエンティワン
〒102-0093　東京都千代田区平河町2-16-1 平河町森タワー11F
TEL　03-3237-8321（代表）
FAX　03-3237-8323
http://www.d21.co.jp

Publisher　干場弓子
Editor　大竹朝子

Marketing Group
Staff　小田孝文　井筒浩　千葉潤子　飯田智樹　佐藤昌幸　谷口奈緒美　古矢薫
蛯原昇　安永智洋　鍋田匠伴　榊原僚　佐竹祐哉　廣内悠理　梅本翔太　田中姫菜
橋本莉奈　川島理　庄司知世　谷中卓　小田木もも

Productive Group
Staff　藤田浩芳　千葉正幸　原典宏　林秀樹　三谷祐一　大山聡子　堀部直人　林拓馬
塔下太朗　松石悠　木下智尋　渡辺基志

E-Business Group
Staff　松原史与志　中澤泰宏　中村郁子　伊東佑真　牧野類

Global & Public Relations Group
Staff　郭迪　田中亜紀　杉田彰子　倉田華　李瑋玲　蒋青致

Operations & Accounting Group
Staff　山中麻吏　吉澤道子　小関勝則　西川なつか　奥田千晶　池田望　福永友紀

Assistant Staff　俵敬子　町田加奈子　丸山香織　小林里美　井澤徳子　藤井多穂子　藤井かおり
葛目美枝子　伊藤香　常徳すみ　鈴木洋子　内山典子　石橋佐知子　伊藤由美
押切芽生　小川弘代　越野志絵良　林玉緒　小木曽礼丈

Proofreader　文字工房燦光
Printing　中央精版印刷株式会社

ISBN 978-4-7993-2191-1